HEYNE <

Meinem Freund
Bruder David Steindl-Rast,
dem weltweit führenden Lehrer
für Dankbarkeit, anlässlich
seines 90. Geburtstags

Dr. Robert A. Emmons

Das kleine Buch der Dankbarkeit

Bewusst das Leben wertschätzen für mehr Zufriedenheit und Glück

Aus dem Englischen übersetzt
von Karin Weingart

WILHELM HEYNE VERLAG
MÜNCHEN

Die Originalausgabe erschien 2016 in Großbritannien unter dem Titel *The Little Book of Gratitude* bei Gaia Books, einem Imprint von Octopus Publishing Group Ltd, Carmelite House, 50 Victoria Embankment, EC4Y 0DZ, England

FSC
www.fsc.org
MIX
Aus verantwortungsvollen Quellen
FSC® C005833

Verlagsgruppe Random House FSC®-N001967.

Deutsche Taschenbucherstausgabe 05/2018

Redaktion: Dr. Diane Zilliges
Umschlaggestaltung: Guter Punkt, München, unter Verwendung eines Motivs von Thinkstock / Shu99
Designer: Isabel de Cordova
Illustrator: Abigail Read
Satz: Vornehm Mediengestaltung GmbH, München
Druck und Bindung: Těšínská Tiskárna, Český Těšín
ISBN 978-3-453-70355-1

www.heyne.de

Inhalt

Einführung

Wir stehen am Anfang einer globalen Renaissance der Dankbarkeit. Wissenschaft und Praxis der Dankbarkeit fallen gegenwärtig auf fruchtbaren Boden – weil sie uns eine Charakterstärke verleiht, mit der wir nicht nur unser eigenes Leben verbessern können, sondern auch das unserer Mitmenschen. Einem 2015 in *Scientific American* veröffentlichten Artikel zufolge führt von 24 persönlichen Stärken keine so offensichtlich zu mehr Beziehungsfähigkeit und emotionalem Wohlbefinden wie Dankbarkeit. Sie kommt darin noch vor solchen Hochkarätern wie Liebe, Hoffnung, Güte und Kreativität.

Dankbarkeit ist viel mehr als nur gute Medizin, ein angenehmes Empfinden, ein undefinierbares nettes Gefühl oder eine Strategie, um glücklicher und gesünder zu werden. Sie stellt auch den wahrhaftigsten Zugang zum Leben überhaupt dar. Schließlich haben wir uns ja nicht selbst erschaffen oder erdacht und es nicht allein so weit gebracht. Ein Leben in Dankbarkeit ist also auch ein Leben in Wahrheit. Die denkbar authentischste und ehrlichste Lebenseinstellung.

Dem Dankbarkeitslehrer Bruder David Steindl-Rast zufolge entstehen Bewegungen nicht aufgrund von Informationen, sondern durch Begeisterung und Engagement. Und der Funke, der den globalen Trend zu mehr Dankbarkeit auslöst, ist die Leidenschaft von Männern und Frauen, die entdeckt haben, dass ein Leben in Dankbarkeit ihrem Dasein Sinn und Erfüllung gibt. Deshalb würde ich Sie mit meiner Leidenschaft gern anstecken. Und möchte Sie einladen, sich mir anzuschließen und das Ihre zu dieser weltweiten Dankbarkeitsbewegung beizutragen.

1

Dankbarkeit entschlüsselt

Zuallererst ist Dankbarkeit
eine neue Sichtweise,
die den gesamten Blick verändert.

Dankbarkeit schlägt Wellen

In Schulen, Beratungsstellen, Gesundheitszentren, in der Arbeitswelt und selbst an Universitäten wächst das Bewusstsein, dass Dankbarkeit nicht nur für das Gedeihen des Individuums unverzichtbar ist, sondern auch für die Weiterentwicklung unserer menschlichen Gemeinwesen.

Dieser Trend wird vor allem von zwei Faktoren gespeist: erstens von der zunehmenden Menge an Beweisen für die Bedeutsamkeit der Dankbarkeit. Denn ob sie von der Freundlichkeit eines Menschen ausgelöst wird, von der Schönheit der Natur, den guten Dingen im Leben oder einem jener zahllosen anderen magischen Momente – praktisch jede Sphäre unseres Daseins kann durch Dankbarkeit veredelt werden.
Mit nachhaltiger und messbarer Wirkung.

Zweitens ist die Praxis der Dankbarkeit *jedem* zugänglich. Niemand ist zu alt, zu jung, zu reich oder zu arm, um sein Leben in Dankbarkeit zu führen. (Gerade, dass sie nicht an bestimmte Lebensumstände gebunden ist, macht übrigens einen Großteil ihrer Attraktivität aus.) Der entstehende Welleneffekt, der in dem Maße um sich greift, in dem wir dankbarer werden, erfasst bald jeden Bereich des Lebens und vermag unsere tiefsten Sehnsüchte zu befriedigen – das Bedürfnis nach Glück und besseren Beziehungen ebenso wie unser Streben nach innerem Frieden, Gesundheit, Ganzheit und Zufriedenheit.

Doch so leicht sich Dankbarkeit auch einstellen mag – dieser Gemütszustand kann auch flüchtig sein und schwinden, wird er nicht sorgsam und mit Bedacht gepflegt. Deshalb müssen wir uns in Praktiken und Techniken üben, die unsere Dankbarkeit von Tag zu Tag neu beleben. Diesem Zweck dienen die wissenschaftlich fundierten Übungen dieses Büchleins.

Am Anfang jeder Dankbarkeit steht die Anerkennung alles Guten und seiner Ursprünge. Das Verständnis, dass das Leben uns nichts schuldet und alles Gute, das wir haben, ein Geschenk ist. Sowie das Wissen, dass wir nichts für selbstverständlich halten dürfen.

Dankbarkeit:
eine neue Sichtweise,
die den gesamten Blick verändert.

AKTIVITÄT

Schreiben Sie es auf

Um sukzessive in diese Haltung hineinzuwachsen, wollen wir mit einer ganz einfachen Übung beginnen.

Ist Ihnen in letzter Zeit etwas Gutes widerfahren, zu dem es ohne Zutun eines anderen Menschen nicht gekommen wäre? Denken Sie an ein bestimmtes Erlebnis, und beschreiben Sie es nach dem nebenstehenden Muster. Diese Übung stellt den Ausgangspunkt unserer weiteren Reise ins Land der Dankbarkeit dar, auf der wir uns etwa fragen werden, was Dankbarkeit eigentlich ist und auf welche Weise die bewusste Wahrnehmung des Guten in der Welt das Leben freier und erfüllter macht.

- Neulich war ich echt froh, als . . . .
(Hier benennen oder beschreiben Sie die betreffende Person.)

- sich die Zeit nahm oder Mühe gab . . . .
(Hier schreiben Sie, was die Person getan hat.)

- Ich weiß, er/sie hätte genauso gut. . . . .
(Hier beschreiben Sie, wie sich die Person, vielleicht aus Eigeninteresse, auch hätte anders verhalten können.)

- Stattdessen hat er/sie sich aber glücklicherweise dafür entschieden . . . .
(Hier notieren Sie noch einmal kurz, was für Sie getan wurde.)

- Dadurch . . . .
(Hier schreiben Sie, was das real für Sie bedeutet hat.)

- und es hat mir das Gefühl gegeben . . . .
(Hier schreiben Sie, was das mit Ihnen persönlich gemacht hat.)

- Danke. . . . .
(Hier benennen oder beschreiben Sie die Person noch einmal.)

Was ist Dankbarkeit überhaupt?

Ein Leben in Dankbarkeit ist nur möglich, wenn wir erkennen, dass andere Dinge für uns tun, zu denen wir selbst nicht in der Lage wären. Sie resultiert aus zwei aufeinanderfolgenden Elementen der Informationsverarbeitung: Kenntnisnahme und Anerkennung. Wir bemerken etwas Gutes und zollen dessen Urheber Tribut.

In Dankbarkeit erkennen wir an, dass die Quelle für etwas Gutes außerhalb unserer selbst liegt.

In dieser Definition sind beide Elemente wichtig. Dankbarkeit impliziert einen Gebenden, der dem Empfänger ein Geschenk offeriert. Denn nicht uns selbst sind wir ja dankbar, sondern einem anderen. Zudem muss der Gebende absichtlich handeln, und zwar meist ein Stück weit gegen seine eigenen Interessen, um etwas geben zu können, was Dankbarkeit erzeugt. Der Empfänger muss das Geschenk als solches erkennen, als etwas freiwillig Dargebotenes. Mithin kommen bei der Dankbarkeit mindestens drei geistige Arbeitsschritte zusammen: die intellektuelle Wahrnehmung eines Nutzens, der Wille, diesen Nutzen anzuerkennen, und die emotionale Wertschätzung sowohl des Geschenks als auch der Person, die es macht. Von »Geschenk« zu sprechen ist wichtig, denn Geschenke sind unverdient, der Gebende schuldet sie uns nicht, und wir haben keinen Anspruch darauf.

Wenn wir dankbar sind, erkennen wir an, dass wir einen Nutzen haben, sind uns dessen Bedeutung bewusst und wissen die Absicht des Gebenden zu schätzen. Zudem ist uns (wenn auch vielleicht nicht ganz so stark) bewusst, dass wir diesen Nutzen nicht unbedingt verdient haben. Dankbarkeit heißt, sich darüber im Klaren zu sein, dass wir keinen Anspruch auf das Empfangene haben und dass es uns freiwillig dargeboten wurde, aus Mitgefühl, Großzügigkeit oder Liebe. Die Anerkenntnis des Umstandes, dass es sich um ein Geschenk handelt, steht an der Wiege der Dankbarkeit. Und diese stellt nicht bloß eine Strategie oder Taktik dar, sich wohler zu fühlen oder größere Zufriedenheit zu erlangen, sondern geht weit darüber hinaus. Denn Dankbarkeit versetzt uns in die Lage, uns nicht nur gut zu fühlen, sondern auch selbst wiederum Gutes zu *tun*.

Eine transformierende Kraft

Als Stephen King in der amerikanischen TV-Sendung *60 Minutes* einmal gefragt wurde, warum er denn ausgerechnet Horrorromane schreibe, antwortete er: »Glauben Sie etwa, ich hätte die Wahl?« Er sehe sich einfach nicht in der Lage, etwas anderes zu verfassen als Bücher dieses Genres. Mir geht es so ähnlich. Auch ich habe das Gefühl, nichts anderes zu können, als mich mit Dankbarkeit zu beschäftigen, sie zu erforschen und darüber zu schreiben. Denn ich empfinde es als meine Pflicht, die Botschaft von ihrer transformierenden Kraft zu verbreiten.

Dankbarkeit ist das Sprungbrett für Güte und persönliche Stärke.

Ob Sie es glauben oder nicht: Am Anfang meines Interesses stand ein Arbeitsauftrag. Der allerdings stellte sich als der beste heraus, den ich je erhalten habe. Denn zur Vorbereitung einer Konferenz wurde ich quasi über Nacht zum Experten für die wissenschaftliche Literatur über Dankbarkeit. Nur dass es da überhaupt keine gab! Auf dem Feld der Erforschung menschlicher Emotionen war die Dankbarkeit ein blinder Fleck. Also packte

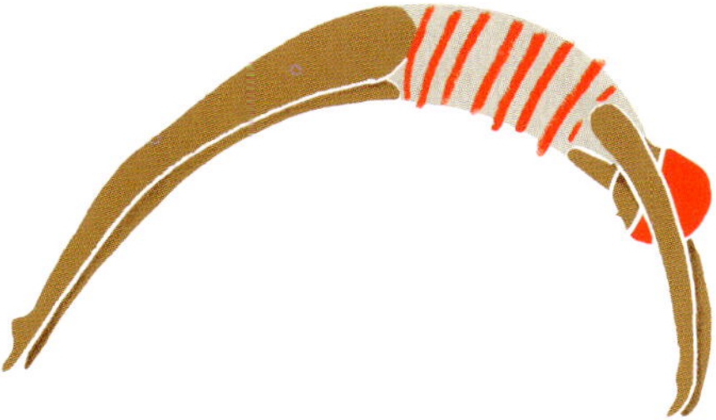

ich die Gelegenheit beim Schopf und begann selbst zu forschen. Ich entwickelte Studien, um die Wirksamkeit von Dankbarkeit zu vermessen, und versuchte die Essenz dieser universellen Kraft des Menschen zu begreifen, indem ich mir stapelweise theologische, philosophische und sozialwissenschaftliche Literatur zu Gemüte führte. So gelangte ich schnell zu der Überzeugung, dass die Befähigung zur Dankbarkeit tief in der Struktur der menschlichen Spezies verankert ist. Ohne Dankbarkeit könnten wir nicht gedeihen.

2

Wofür ist Dankbarkeit eigentlich gut?

Mit Dankbarkeit
kann man es nie übertreiben.

Vom Nutzen der Dankbarkeit

Zahlreiche psychologische, körperliche und soziale Nutzen werden mit Dankbarkeit in Verbindung gebracht. Eine Menge Studien befasst sich mit ihrer Wirkung auf Gesundheit und Wohlbefinden. Und all diese klinischen Tests, Laboruntersuchungen und groß angelegten Erhebungen belegen die anhaltenden, überaus positiven Wirkungen gelebter Dankbarkeit.

- Dienstleistern im Gesundheitsbereich ermöglichte das zweiwöchige Führen eines Dankbarkeitstagebuchs die Reduktion der Stressbelastung um 28 Prozent und der Niedergeschlagenheit um 16 Prozent.

- Dankbarkeit bewirkte eine 23-prozentige Senkung der Stresshormone (Kortisol) im Blut.

- Menschen, die ein Dankbarkeitstagebuch führen, konnten ihren Fettkonsum um bis zu 25 Prozent reduzieren.

- Das Schreiben eines Dankesbriefes senkte bei 88 Prozent selbstmordgefährdeter Patienten das Gefühl der Hoffnungslosigkeit und steigerte den Optimismus bei 94 Prozent.

- Bei chronischen Schmerzpatienten (von denen 76 Prozent unter Schlafstörungen litten) trug Dankbarkeit zu einer 10-prozentigen Verbesserung der Schlafqualität bei, und Depressionen gingen sogar um 19 Prozent zurück.

Dankbarkeit ermöglicht die Rückeroberung des eigenen Gefühlslebens, von der nicht zuletzt der Körper profitiert. Sie stellt eine kostengünstige, schnelle Therapie dar, die jedem zugänglich ist. Nebenwirkungen sind keine bekannt. Um ein Allheilmittel handelt es sich natürlich nicht, dennoch kann ein Dankbarkeitstraining die Wirksamkeit konventioneller medizinischer Maßnahmen erheblich verstärken.

Von Bedeutung ist die Dankbarkeit aber nicht nur auf körperlichem Gebiet. Vielmehr verstärkt sie zum Beispiel auch das Selbstwertgefühl, die Willenskraft, sie kann Beziehungen beleben, intensiviert Spiritualität und Kreativität, verbessert sportliche und intellektuelle Leistungsfähigkeit. Mithin kann man die Dankbarkeit mit Fug und Recht als das Positivum schlechthin bezeichnen, als Verstärker des Guten in einem selbst, in der Welt und bei anderen sowie als einzigartigen Motor von Heilung, Energetisierung und der Veränderung des Lebens zum Besseren.

AKTIVITÄT

Dankbar statt schlaflos

Dass sich Dankbarkeit positiv auf die Schlafqualität auswirkt, wird von vielen Studien bestätigt. Diese Übung hat den Zweck, negative Gedanken vor dem Einschlafen durch solche zu ersetzen, die Körper und Geist zur Ruhe bringen. Sie erleichtert nicht nur das In-den-Schlummer-Sinken, sondern wirkt sich auch positiv auf die Tiefe und Erholsamkeit der Nachtruhe aus.

- Nehmen Sie sich in der folgenden Woche allabendlich 15 Minuten Zeit, um sich ein Ereignis, eine Erfahrung oder Beziehung zu notieren, für die Sie dankbar sind. Aufschreiben ist dem reinen Daran-Denken vorzuziehen, weil es auf eine tiefere Ebene der Verarbeitung führt und sich deshalb längerfristig und nachhaltiger auf Ihre Stimmung auswirkt. Am besten widmen Sie sich dieser Aktivität eine Stunde vor dem Zubettgehen und konzentrieren sich jeden Abend auf etwas anderes.

- Versuchen Sie sich dann im Bett, bevor Sie in den Schlaf abdriften, auf angenehme Gedanken zu fokussieren – schöne Dinge, die in der Familie oder im Freundeskreis geschehen sind; die beruhigenden

Geräusche im Schlafzimmer; wie glücklich Sie sind, so gesund zu sein; Pläne für die kommenden Feiertage oder den nächsten Urlaub; Erfreuliches, das sich in den letzten Tagen abgespielt hat; wie entspannt Sie sind; gute Erfahrungen, die Sie kürzlich mit anderen Menschen gemacht haben.

Das Hirn auf Dankbarkeit ausrichten

Welche Hirnstrukturen und neuronalen Netze werden aktiviert, wenn man dankbar ein Geschenk empfängt? Nun, da im komplexen Zustand der Dankbarkeit verschiedene kognitive und emotionale Komponenten zusammenspielen, sind daran auch mehrere Hirnsysteme beteiligt. Diese im Scanner voneinander zu isolieren, ist keine einfache Aufgabe. Doch moderne bildgebende Verfahren geben zumindest wichtige Hinweise auf die Vorgänge, die sich im Schädel abspielen.

Messungen der Hirnaktivität im Zustand der Dankbarkeit haben ergeben, dass diese, wie andere komplexe Emotionen auch, mehrere Hirnregionen gleichzeitig auf den Plan ruft: die zuständigen etwa für soziales Denken, Gefühlsreaktionen, Logik und sensorische Verarbeitungsprozesse. Zugleich bringt die Dankbarkeit auch Pfade des Belohnungssystems im Hirn zum Aufleuchten sowie den Hypothalamus, der die Ausschüttung von Hormonen steuert, welche unsere körperlichen Prozesse organisieren.

Wissenschaftler der University of Southern California haben das Thema Dankbarkeit im Kontext der Biografien von Holocaust-Opfern untersucht, die nur mit

der Hilfe von Mitmenschen überleben konnten. Dafür sollten sich die Probanden in deren Situation hineinversetzen und das Maß ihrer eigenen Dankbarkeit einschätzen, während ihre Hirnaktivitäten per fMRT gemessen wurden. Eine verstärkte Regsamkeit nicht allein im Belohnungszentrum zeigte, dass Dankbarkeit Hirnbereiche mobilisiert, die mit Moral, sozialen Beziehungen und Einfühlungsvermögen in Verbindung gebracht werden.

Dankbarkeit ist wie ein Dünger für den Geist, sie vermehrt die Verbindungen im Hirn und verbessert seine Funktionsfähigkeit auf praktisch jedem Erfahrungsgebiet. Wie der Neurowissenschaftler Rick Hanson sagt, nimmt das Hirn die Form an, die der Geist ihm vorgibt. Fokussiert sich dieser auf Besorgnis, Traurigkeit, Ärger und Reizbarkeit, nimmt es neuronal die Form von Angst, Depression und Zorn an. Trainieren Sie Ihr Hirn jedoch auf Dankbarkeit, findet es immer leichter Dinge, die der Dankbarkeit wert sind, und nimmt die Form der Dankbarkeit an. Alles, was Sie tun, erzeugt Verbindungen innerhalb der Netzwerke des Hirns, und je häufiger Sie etwas wiederholen, desto stärker werden diese Verbindungen. Der Geist kann das Hirn also nachhaltig verändern. Oder anders ausgedrückt: Das Hirn wird von dem geprägt, was sich bei uns im Kopf abspielt.

Was das praktisch heißt? Dass gelebte Dankbarkeit von allergrößter Bedeutung ist, weil sie sich nicht nur auf unser momentanes Wohlbefinden auswirkt, sondern in unserem gesamten Sein tiefe Spuren hinterlässt.

AKTIVITÄT

Überraschendes

Das Bedürfnis nach Neuem und nach Veränderung ist fest in unserem Hirn verankert. Auf den Stimulus des Neuen reagiert die Substantia nigra/Area tegmentalis ventralis (SN/ATV) im Mittelhirn. Ob Sie nun ein Dankbarkeitstagebuch führen, Entsprechendes in den sozialen Medien posten oder Ihre Dankbarkeit einfach nur empfinden: Fokussieren Sie sich dabei auf das Überraschende, auf unerwartete Freundlichkeiten, neue, außergewöhnliche Erfahrungen, die Ihre SN/ATV aktivieren. Da dieses Hirnareal Lernzentren mit dem Erinnerungsvermögen verbindet, ist es sowohl kognitiv als auch neuronal von großem Nutzen, die Dankbarkeit frisch zu halten, indem man sie immer auf etwas Neues richtet.

- Überraschungselemente halten die Dankbarkeit aufrecht. Stellen Sie sich in der nächsten Woche an jedem zweiten Abend die Frage: Inwiefern hat mich meine Dankbarkeit heute überrascht? Anfangen können Sie damit, dass Sie Gelegenheiten suchen, die eine Überraschung in Sachen Dankbarkeit für Sie bergen, und dann überlassen Sie es Ihrem Geist, so auf Ihr Hirn einzuwirken, wie es ihm selbst guttut.

Ein Stärkungsmittel für die Dankbarkeit ist das Reisen. Gibt es Orte, die Ihre Dankbarkeit besonders anregen? Vielleicht ein Ferienziel, eine heilige spirituelle Stätte oder ein herrliches Fleckchen Natur? In ihrem Buch *The Sacred Depth of Nature* schreibt die Zellbiologin Ursula Goodenough: »Die Pracht … der Reichtum der Natur berührt uns, lässt uns in Staunen verharren, erfüllt uns mit Freude und Dankbarkeit.« Das Hirn sehnt sich nach neuen, anderen, ungewöhnlichen Orten. Die jedoch nicht in der Ferne liegen müssen. Nehmen Sie auf dem Weg zur Arbeit einmal eine andere Route, fahren Sie mit dem Rad statt mit dem Wagen, erkunden Sie zu Fuß Ihre Nachbarschaft. Ihr Hirn wird es Ihnen danken, für Ihren Geist ist es eine Erfrischung, und Ihrer Kreativität verleiht es Flügel.

Beleben Sie Ihre Dankbarkeit durch neue Orte, andere Räume.

3

Vom »Funktionieren« der Dankbarkeit

Hier schauen wir, wie sich
das phänomenale Wirken der Dankbarkeit
erklären lässt.

Das VRV-Modell der Dankbarkeit

Intuitiv wissen die meisten, wann sie dankbar sein *sollten*, echte Dankbarkeit jedoch stellt oft etwas Flüchtiges, Unvorhersehbares dar. Zu einer »normalen«, »regulären« Reaktion kann sie sich entwickeln, wenn wir wissen, warum und wie Dankbarsein funktioniert, nämlich nach dem VRV-Modell: Dankbarkeit verstärkt, rettet und verbindet.

1. **Dankbarkeit verstärkt:** Die Perspektive der Dankbarkeit vergrößert und verstärkt das Gute, das wir in uns selbst sehen, an anderen und in der Welt. Dankbarkeit verfestigt dieses Gute, verankert es in unserem Sein und hält seinen Wert hoch. Der Autor und Philosoph G. K. Chesterton schrieb einst: »Ich glaube nicht, dass es außer mir noch jemanden gibt, der ein so immenses Vergnügen daran findet, dass die Dinge sind, wie sie sind. Die erstaunliche Nässe von Wasser erregt und berauscht mich; die Wildheit des Feuers, die Stahlhaftigkeit von Stahl, die unaussprechliche Schlammigkeit von Schlamm.«

Von Paranoia haben wir alle schon gehört, was aber ist mit *Pro*noia? Mit dem Glauben, dass sich andere zusammentun, um uns zu helfen? »Ich verdächtige die Menschen, dass sie sich verschwören, mich glücklich zu machen«, heißt es in J. D. Salingers Novelle *Hebt den Dachbalken hoch*. Dankbare Menschen sind pronoid, sie erwarten und sehen die Güte in der Welt, sind dankbar und verstärken das Gute in sich und anderen.

Dankbarkeit hebt alles hervor, was gut ist.

2. Dankbarkeit rettet: Sich selbst überlassen, neigt der Geist dazu, jede Gelegenheit zum Glücklichsein zunichtezumachen und Negatives, Anspruchsdenken, Vergesslichkeit, Undank an seine Stelle zu setzen. Mit Negativem sind wir ständig konfrontiert, ob es nun dem eigenen Denken entstammt oder den Schlagzeilen der Medien. Es herrscht der Pessimismus: in puncto Geld,

Beziehungen, Weltpolitik und Gesundheit. Allenthalben potenzielle Bedrohungen.

Das Negative zieht uns runter, es laugt uns sowohl emotional als auch körperlich aus. Um ihm etwas entgegensetzen zu können, müssen wir uns gute Erfahrungen verschaffen. Dankbarkeit ist dabei unsere beste Verbündete, eine Waffe gegen die Bedrohungen, die uns jede Freude vermiesen. Die Dankbarkeit rettet uns vor den Räubern unserer Lebensfreude und führt uns auf den Weg der Zufriedenheit und inneren Gelassenheit zurück.

3. Dankbarkeit verbindet: Allein leben könnten wir gar nicht. Und ohne Dankbarkeit würden sich unsere Beziehungen in nichts auflösen. Sie ist der moralische Zement, der Allzweckkleber, die emotionale Spachtelmasse, die etwaige Risse zwischen uns Menschen kittet, Beziehungen stärkt und festigt. Ohne Dankbarkeit wären wir Beziehungszombies. Organisationen, Familien, ja ganze Gesellschaften würden in sich zusammenfallen, gäbe es keine Dankbarkeit.

AKTIVITÄT

Wie Sie sich von Angst befreien – und wie nicht

Fokussieren Sie sich auf andere
Indem sie uns auf die Güte der Mitmenschen fokussiert, gibt uns die Dankbarkeit das Gefühl, einem Netzwerk anzugehören, das uns nährt und unterstützt. Ein dankbarer Zugang zum Leben hält die Erinnerung an schöne Beziehungen und die Freundlichkeit unserer Mitmenschen wach und hat zur Folge, dass wir sie nicht mehr als selbstverständlich voraussetzen.

Fokussieren Sie sich auf das, was Sie haben
Wir können uns entweder auf das kaprizieren, was wir haben, oder auf das, was uns fehlt. Während der »Sufficit«-Modus das Selbstwertgefühl verstärkt, lenkt der »Defizit«-Modus das Denken darauf, wie unvollständig unser Leben ist.

Nehmen Sie Ihre Gefühle wahr
Dankbarkeit zieht andere positive Gefühle nach sich wie etwa Freude, Zufriedenheit und Hoffnung, die sich ihrerseits über das Immunsystem und den Hormonhaushalt wohltuend auf den Körper

auswirken. Da gelebte Dankbarkeit ein ausgesprochener Stresskiller ist, kommen dankbare Menschen weit besser mit Ungewissheit, Ambivalenzen und potenziell angstauslösenden Situationen klar als andere.

Vergleichen Sie sich nicht mit anderen
Wenn Sie sich mit Leuten vergleichen, denen Sie sich unterlegen fühlen, verlieren Sie an Selbstsicherheit. Der Wunsch nach »mehr« geht mit größerer Angst und Unzufriedenheit einher. Vergleichen Sie stattdessen – wenn überhaupt – das Leben, das Sie haben, lieber mit einem ohne all die Annehmlichkeiten, die Sie momentan genießen dürfen.

Kein Neid, keine Reue!
Gelebte Dankbarkeit neutralisiert angstauslösende Gefühle. Denn man kann nicht gleichzeitig dankbar und neidisch sein oder im Zustand der Dankbarkeit irgendetwas bereuen. Das geht einfach nicht.

Isolieren Sie sich nicht
Tief in unserem Inneren haben wir alle das Bedürfnis nach Verbundenheit und sozialen Kontakten. Zeit für sich allein ist wichtig, doch Einsamkeit ist ein negativer Gemütszustand. Ziehen Sie sich also ruhig zurück, sollte Ihnen mal danach sein, aber isolieren Sie sich nicht, meiden Sie Einsamkeit.

AKTIVITÄT

Strecken Sie die Hand aus, um jemanden zu berühren

Genau wie Dankbarkeit mitunter von einer Berührung vertieft wird, kann sie ihrerseits das Bedürfnis nach körperlichem Kontakt auslösen. Nehmen Sie den nächsten Menschen, dem Sie dankbar sind, deshalb in den Arm oder berühren Sie ihn an der Hand oder der Schulter.

- Intensiviert sich Ihr Gefühl der Dankbarkeit dadurch?

- Wird Ihre Beziehung zu der betreffenden Person dadurch irgendwie enger?

- Wie können Sie dieses Gefühl bewahren?

AKTIVITÄT

Dankbarkeit gegenüber Menschen, die einem Ihrer Lieben geholfen haben

Eine Gelegenheit zur Dankbarkeit übersehen wir oft: wenn nämlich einem Freund oder Angehörigen etwas Gutes getan wurde. Denken Sie an eine Situation, in der ein gemeinsamer Bekannter einem Ihrer Lieben seine Unterstützung angetragen hat. Vielleicht hat diese Person, weil Sie gerade nicht in der Nähe waren, ihre Hilfe angeboten, Trost gespendet oder praktisch angepackt. Erinnern Sie sich: Bei welcher Gelegenheit war das genau, und wie haben Sie Ihre Dankbarkeit zum Ausdruck gebracht?

AKTIVITÄT

Ziehen Sie Bilanz

Was habe ich bekommen? Was gegeben? Welche Schwierigkeiten habe ich anderen bereitet? Solche Fragen stellen die Basis einer meditativen Übung mit dem Namen Naikan dar, die der japanische Buddhist Yoshimoto Ishin entwickelt hat. Ihr Zweck besteht darin, durch rigorose Selbsterkundung den Sinn unseres Lebens zu erspüren. Die Beschäftigung mit den Fragen fördert Einsicht, Pflichtgefühl, Dankbarkeit und in der Konsequenz die Verlagerung des Fokus vom Selbst auf eine tiefergehende, sensiblere Achtsamkeit gegenüber anderen. Damit geht dann auch eine intensivere – dankbare – Wahrnehmung all der Hilfe und des vielen Guten einher, die Mitmenschen uns zukommen lassen.

- Verwenden Sie in den nächsten sieben Tagen je eine Stunde auf die Beschäftigung mit den oben genannten drei Fragen. Und zwar jeweils in Bezug auf einen bestimmten Menschen.

- Denken Sie über persönliche Blockaden nach, die Ihrer Fähigkeit im Wege stehen, den Menschen, zu denen Sie die engsten Beziehungen haben, Ihre Dankbarkeit zu zeigen.

- Bitten Sie einen engen Freund oder Angehörigen, Ihnen bei der Identifizierung Ihrer Schwächen behilflich zu sein, und nehmen Sie alles, was Sie hören, in aufrichtiger Demut zur Kenntnis.

- Nehmen Sie sich genügend Zeit für eine ehrliche Selbsterkundung. Fragen Sie sich: Wem habe ich durch Gedankenlosigkeit oder Egozentrik geschadet? Und schreiben Sie der betreffenden Person einen Entschuldigungsbrief. Naikan ermutigt uns, sowohl unsere Vergangenheit als auch die Gegenwart in Ehrlichkeit und Wahrhaftigkeit zu erkunden. Nicht nur die Hilfe anzuerkennen, die uns zuteilwurde, sondern auch die Entscheidungen wahrzunehmen, die wir zum Nachteil anderer getroffen haben. Während wir uns des Geschenks unseres Daseins immer bewusster werden, unserer Interdependenz mit anderen und der Verantwortung, die wir für unser Tun haben, vertiefen sich unsere Wertschätzung und die Dankbarkeit für das Leben, das wir haben.

4

Entscheiden Sie sich!

Wer die Kontrolle über seinen Geist hat,
steuert auch sein Leben.

Feiern Sie das Gute

Der dankbare Geist genießt auf allen Lebensgebieten beträchtliche Vorteile. Die von mir erwähnten wissenschaftlichen Studien deuten die Veränderungen an, die das Leben erfährt, wenn man sich der Dankbarkeit verschreibt. Um jedoch dauerhaft davon profitieren zu können, müssen wir uns angewöhnen, alle Ereignisse und Umstände wahrzunehmen, die der Anerkennung wert sind, sie auszusprechen und mit anderen zu teilen. Um nachhaltige Verbesserungen zu bewirken, ist das entscheidend.

AKTIVITÄT

Drei gute Dinge

Denken Sie an drei Dinge, die gestern gut für Sie gelaufen sind.

- Inwiefern sind sie gut gelaufen?
- Wie dankbar haben sie Sie gemacht?
- Haben Sie jemandem davon erzählt?

Anderen von unseren kleinen oder großen Erfolgen zu berichten trägt dazu bei, das Gute in unserem Leben zu feiern. Tun Sie es in der kommenden Woche täglich.

AKTIVITÄT

Ein Narrativ der Dankbarkeit

Der Weg in ein dankbares, wertschätzendes Leben führt nicht einfach über das ständige Wiederholen positiver Affirmationen und das Herbeizaubern entsprechender Gefühle. Vielmehr gilt es, die zahllosen Wohltaten und all die Unterstützung wahrzunehmen, die uns im Alltag zuteilwerden. Denn gelebte Dankbarkeit stellt die täglich geübte Praxis der bewussten Fokussierung auf alles dar, was im Leben glattläuft, die großen Dinge genauso wie die kleinen, das scheinbar Normale nicht weniger als außergewöhnliche Glücksfälle.

- Führen Sie ein Tagebuch, in dem Sie sich täglich fünf Dinge notieren, für die Sie dankbar sind. Benennen Sie auch deren Ursache oder den Urheber. Fallen Ihnen keine fünf Punkte ein, schreiben Sie so viele auf, wie Ihnen in den Sinn kommen. Die Schriftform hilft, das Gefühl der Dankbarkeit zu verfestigen; außerdem können Sie so jederzeit nachschauen und sich davon überzeugen, wie viel Gutes Ihnen widerfährt.

Kultivieren Sie Ihre Dankbarkeit

Wenn wir unserem Leben, sowohl dem gegenwärtigen als auch rückblickend, in Dankbarkeit und Wertschätzung begegnen, verändert sich unsere Interpretation des Erfahrenen und wird in dem Maße milder, in dem wir innerlich weicher, sanfter werden.

Infolgedessen wird sich womöglich auch unser Verhalten verändern. Oder anders ausgedrückt: Je verständnisvoller, nachsichtiger ich mein Leben ausdeute, desto mehr verbreitert sich das Repertoire meiner möglichen Reaktionen auf Ereignisse, Zustände, aber auch auf meine Mitmenschen. Und genau diese emotionale und verhaltenstechnische Flexibilität angesichts einer ja oft enttäuschenden Realität zeichnet Menschen aus, die ihre Dankbarkeit kultivieren und ihr Gefühlsspektrum um weitere positive Eigenschaften ergänzen.

Zu Thanksgiving schrieb die Schauspielerin Jamie Lee Curtis im Blog der *Huffington Post*: »In diesem Jahr gilt mein größter Dank der Einflussnahme meines Geistes auf die Einstellungen, die ich habe.« In der Tat gibt es sehr wirksame Strategien, den Geist auf Dankbarkeit zu trainieren. Und zwar indem wir nicht nur unser Denken und unsere Sprache, sondern auch den Alltag so strukturieren, dass wir Dinge, die der Dankbarkeit wert sind, besser wahrnehmen können.

Der Geist ist ständig am Vergleichen: wie die Dinge sind und wie anders sie auch sein könnten, wie sie waren und wie sie sich künftig entwickeln sollten. In puncto Dankbarkeit sind manche dieser pausenlos und automatisch ablaufenden Vergleiche tödlich. Wenn wir etwa Leute beneiden, denen es dem Anschein nach besser geht als uns. Dann denken wir: »Warum bin ich nicht an deren Stelle?« Andere Formen des Vergleichens können dagegen die Wertschätzung von Dingen vertiefen, die wir sonst vielleicht gar nicht wahrgenommen, die wir für selbstverständlich oder für unser gutes Recht gehalten hätten. Aus einer Haltung der Dankbarkeit heraus sagen wir uns: »Es hätte alles auch ganz anders (das heißt viel schlimmer) kommen können.«

AKTIVITÄT

Vergleichen?
Ja, aber anders

Angesichts eines Unglücks, dessen Zeuge wir werden, wird uns plötzlich klar, wie gut wir im Vergleich doch eigentlich dran sind. Mitzuerleben, wie andere mit Armut, Krankheit oder Diskriminierung zu kämpfen haben, hilft, den eigenen Wohlstand, die Gesundheit und die Privilegien, die man genießt, nicht für selbstverständlich zu halten.

- Erinnern Sie sich an eine Situation, in der Sie etwas Schlimmes beobachtet haben, das Ihnen bewusst gemacht hat, wie gut es Ihnen in Wahrheit geht?

Die Haltung der Dankbarkeit

Die Sprache spiegelt unser Denken wider, und unsere Gedanken erschaffen, wenigstens teilweise, unsere Realität. Der Sprachschatz dankbarer Menschen wird von Wörtern geprägt wie »Geschenk«, »Gebende«, »Gutes«, »gesegnet«, »Glück«, »Glücksfall« und »Fülle«. Weniger Dankbare verwenden häufiger Ausdrücke wie »Belastung«, »Fluch«, »Mangel« oder »Beschwerden«. Die Sprache der Dankbarkeit lenkt die Aufmerksamkeit auf das viele Positive, das andere in unser Leben bringen.

Selbstgespräche müssen nicht selbstzerstörerisch sein, sie lassen sich in Monologe der Dankbarkeit verändern. Dankbare Menschen sind Meister darin, ihr Denken so zu gestalten, dass es sie stützt und ihnen förderlich ist. Und bereits von dem Moment an, in dem Sie Schönes wahrzunehmen beginnen, wird Ihnen immer mehr Gutes begegnen.

AKTIVITÄT

Was, wenn ...?

Bei dieser Technik konzentrieren Sie sich auf all das überraschend Gute in Ihrem Leben, zu dem es unter anderen Umständen gar nicht gekommen wäre. Sie stellt also auch eine Form der Neuausrichtung Ihrer Aufmerksamkeit dar – und die erweist sich als perfekt für das Erzeugen von Dankbarkeit. Bei der Frage, ob das Leben gerade gut zu uns ist oder eher weniger, orientieren wir uns ja für gewöhnlich an einem imaginären Idealzustand, daran, wie es früher war oder künftig sein sollte, und am Befinden der Menschen um uns herum. Manchmal sind uns diese Vergleiche gar nicht zuträglich, mitunter aber schon. Sehr sogar. Der Trick besteht ganz einfach darin, sie so anzustellen, dass wir dabei möglichst gut wegkommen.

- Stellen Sie sich vor, wie Ihr Leben verlaufen wäre, hätten Sie einen bestimmten Weg *nicht* eingeschlagen, wären also zum Beispiel nicht umgezogen oder hätten Ihren Job nicht gekündigt, um sich einer neuen Herausforderung zu stellen.

- Tun Sie dies zwei, drei Tage hintereinander und denken dabei jedes Mal an etwas, das anders gelaufen wäre, hätten Sie nicht diese Entscheidungen getroffen.

Ist das Leben nicht schön?

Eine höchst effektive Methode, dem Kopf das Dankbarsein anzutrainieren, trägt die Bezeichnung George-Bailey-Effekt, nach der Hauptfigur des Filmklassikers *Ist das Leben nicht schön?* Gerade als Bailey kurz davor steht, sich von einer Brücke in den Tod zu stürzen, bekommt er gezeigt, wie sich die Welt entwickelt hätte, wäre er nicht geboren worden. Dies führt ihm die Kostbarkeit der guten Dinge in seinem Leben vor Augen – und befreit ihn sofort von der Niedergeschlagenheit, die ihn um ein Haar in den Freitod getrieben hätte.

In einer Studie, die dem George-Bailey-Effekt nachging, wurden Ehepaare gebeten, einzeln aufzuschreiben, wie ihr Leben ohne den Partner verlaufen wäre. Diese Übung wirkte sich, so das Ergebnis der Untersuchung, positiver auf ihre Beziehungszufriedenheit aus als die Überlegung, was sie an ihrem Mann, ihrer Frau zu schätzen wussten.

5

Dankbarkeitsmythen

Macht Dankbarkeit faul? Oder naiv?
Weit verbreitete Mythen werden hier entlarvt
und Missverständnisse ausgeräumt.

Ein Plädoyer für die Dankbarkeit

Selbst mit Bergen wissenschaftlicher Daten im Rücken kann ein Plädoyer für Dankbarkeit noch ein mühseliges Unterfangen sein, denn es gibt so viele Vorbehalte und Argumente dagegen. Man sollte, heißt es da etwa, nicht so viel Energie in die Kultivierung dieser speziellen Einstellung investieren.

Zwar habe ich Verständnis für die Fragen und Sorgen der Menschen zum Thema Dankbarkeit, bin aber doch der Meinung, dass ein Großteil des Widerstands dagegen auf Mythen und Missverständnissen beruht. Sie halten die Leute bedauerlicherweise davon ab, sich in Dankbarkeit zu üben und von deren vielfältigem Nutzen zu profitieren. Im Folgenden werde ich die wichtigsten dieser Mythen entlarven.

Mythos 1: Dankbarkeit macht bequem

Oft höre ich die Behauptung, wenn man dankbar sei, sähe man keine Veranlassung mehr, sein Leben zu verändern oder etwas zum Besseren zu wenden.

Vielmehr sei man mit allem zufrieden, werde faul und lethargisch, begegne gar schreiendem Unrecht mit Resignation. In Wirklichkeit trifft genau das Gegenteil zu: Dankbarkeit ist sinnstiftend und fördert den Wunsch nach Veränderung.

Meine Kollegen und ich haben herausgefunden, dass Menschen, die ihr Leben bewusst in Dankbarkeit führen, ihre Ziele besser erreichen. Für eine Studie wurden die Teilnehmer gebeten, sechs persönliche Ziele zu benennen, auf die sie innerhalb von zehn Wochen hinarbeiten wollten, wissenschaftliche, spirituelle, soziale und gesundheitliche wie beispielsweise Gewichtsabnahme und gesündere Ernährung. Zufällig ausgewählte Probanden, die ein Dankbarkeitstagebuch führen und pro Woche fünf Dinge aufschreiben sollten, für die sie dankbar waren,

Ein dankbares Herz wird nie träge.

strengten sich mehr an, ihre Ziele zu erreichen, als die Angehörigen der Vergleichsgruppe, die sich nicht in Dankbarkeit übten. Außerdem kamen sie der Realisierung ihrer Vorhaben um 20 Prozent näher und erwiesen sich auch weiterhin als zielstrebiger.

Das konsequente Führen eines Dankbarkeitstagebuchs macht energiegeladener, lebendiger und wacher. Andere Studien belegen, dass Dankbarkeit zu gutnachbarlichem Verhalten anregt – zu Großzügigkeit, Mitgefühl und Spendenbereitschaft, was nun wirklich nicht für Passivität oder Resignation spricht. Es deutet eher darauf hin, dass Dankbarsein die Leute motiviert, rauszugehen und anderen Gutes zu tun. Sie wollen von all dem Guten, das sie selbst empfangen haben, etwas zurückgeben.

Im Rahmen einer in *Motivation and Emotion* vor Jahren veröffentlichten Studie fanden meine Kollegen und ich heraus, dass Zehnjährige, die dankbarer waren als Kinder gleichen Alters, mit 14 häufiger an gemeinschaftlichen Aktivitäten teilnahmen und sozial integrierter waren. Diese dankbaren Kids saßen also keineswegs nur rum und chillten. Im Gegenteil: Sie waren sehr umtriebig unterwegs und versuchten, anderen ein besseres Leben zu ermöglichen.

Mythos 2: Dankbarkeit ist nichts als eine naive Form positiven Denkens

Oft heißt es, Dankbarkeit sei gleichbedeutend mit Ignoranz gegenüber Schmerz, Leid, Unglück sowohl gesellschaftlicher Natur als auch im Privaten. Die wissenschaftliche Beweislage spricht jedoch eine andere Sprache: Gelebte Dankbarkeit geht weit über simple, angenehme Gedanken hinaus.

Dankbarkeit kann sogar etwas sehr Diffiziles sein, weil sie nämlich voraussetzt, dass man seine Abhängigkeit von anderen erkennt, und das ist kein unbedingt schönes Gefühl. Denn dafür muss man sich bescheiden und bereit sein, die Unterstützung und Großzügigkeit anderer anzunehmen. Was vielen sehr schwerfällt – denn die meisten Menschen können, wie wir wissen, besser geben als nehmen.

Dankbarkeit weckt mitunter das Gefühl, jemandem verpflichtet zu sein und/oder in seiner Schuld zu stehen, und das hört sich nicht gerade nach positivem Denken an. Wäre ich Ihnen für etwas dankbar, das Sie mir besorgt hätten, müsste ich mich darum kümmern und es nach Ihren Wünschen verwenden.

Weil es sich eben so gehört. Wahrscheinlich müsste ich mich sogar zeitnah revanchieren. Dieses Gefühl des Verpflichtetseins und In-der-Schuld-Stehens wird als negativ empfunden und kann sehr störend sein.

Fakten bestätigen das: Wer Dankbarkeit empfindet, ist nicht notwendigerweise frei von negativen Emotionen. Er ist nicht unbedingt weniger ängstlich, angespannt oder unglücklich. Vielmehr ist es so, dass bewusst gelebte Dankbarkeit eher positive Gefühle verstärkt, als dass negative dadurch reduziert werden. Würde es sich nur um positives Denken oder eine Form der Verleugnung handeln, könnten letztlich keinerlei negative Gedanken oder Gefühle vermeldet werden, wenn man ein Dankbarkeitstagebuch führt – was aber durchaus der Fall ist.

Dankbarkeit ist also nicht einfach ein warmes Gefühl. Denn die damit einhergehenden Verantwortlichkeiten können sie zu einer durchaus kniffligen Herausforderung machen.

Mythos 3: Dankbarkeit macht profillos

Geht die Anerkennung, die ich anderen zolle, wenn ich ihnen dankbar bin, womöglich auf meine Kosten?

Bedeutet es, dass ich den Beitrag, den ich selbst zu dem Guten in meinem Leben geleistet habe, ignorieren muss? Diesem Mythos zufolge läuft man Gefahr, die eigenen Anstrengungen und/oder Begabungen zu missachten, wenn man anerkennt, dass andere einem geholfen haben.

Forschungsergebnisse belegen, dass das nicht der Fall ist. Den Teilnehmern einer Studie wurde ein Geldgewinn versprochen, wenn sie bei einem schweren Test gut abschneiden würden.

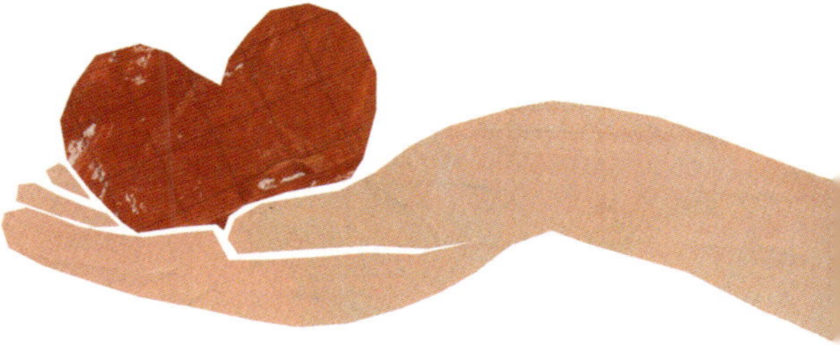

Dann bekamen sie einen Hinweis, der ihnen half, ein besseres Resultat zu erzielen.

Als hilfreich betrachteten alle Teilnehmer diesen Tipp, aber nur die, die sich für ihren Erfolg persönlich verantwortlich fühlten, waren für ihn auch dankbar. Demnach geht Dankbarkeit sogar mit einem größeren Bewusstsein für die Auswirkungen des eigenen Tuns und Lassens einher.

Andere Studien erhärten diesen Befund. Dankbare Menschen zollen anderen Anerkennung, aber nicht um den Preis, dass sie die eigenen Verdienste ignorieren würden. Vielmehr zollen sie sich auch selbst Anerkennung. Für sie heißt es nicht entweder … oder – entweder ich hab's ganz allein getan, oder jemand anders hat's für mich übernommen. Stattdessen erkennen sie ihre eigenen Leistungen und Fähigkeiten an und sind gleichzeitig den Menschen dankbar, die ihnen auf ihrem Lebensweg behilflich waren – beispielsweise Eltern und Lehrern.

AKTIVITÄT

Feiern Sie einen Sieg

Denken Sie an einen persönlichen Erfolg, für den Sie dankbar sind – zum Beispiel eine Auszeichnung, eine sportliche Höchstleistung, die Erlangung eines akademischen Grades oder eine Beförderung. Vielleicht hatten Sie vorab erhebliche Hindernisse zu überwinden, mussten enorme Entschiedenheit und großes Durchhaltevermögen an den Tag legen. Doch je schwieriger die Herausforderung, desto süßer der Sieg und umso tiefer die Dankbarkeit. Feiern und teilen Sie Ihre Freude mit anderen!

Mythos 4: Angesichts von Unglück und Leid ist Dankbarkeit nicht möglich, sie ist unangebracht

Das Gegenteil ist wahr. Gerade unter solchen Umständen ist Dankbarkeit von höchster Bedeutung. Denn dann hilft sie, das große Ganze zu sehen und sich von Rückschlägen oder Niederlagen nicht unterkriegen zu lassen. Eventuell motiviert sie sogar, der Herausforderung tatkräftig zu begegnen.

Es mag schwierig sein, diese Haltung der Dankbarkeit einzunehmen, doch wissenschaftlich hat sich erwiesen, dass es nicht nur möglich ist, sondern sich auch lohnt. Für eine in *The Journal of Positive Psychology* veröffentlichte Studie wurden die Teilnehmer gebeten, sich an etwas Unangenehmes zu erinnern, das sie immer noch belastete. Sie bekamen je eine von drei Schreibaufgaben zugelost. Bei einer ging es darum, sich auf das Positive dieser Erfahrung zu konzentrieren und zu überlegen, weshalb sie der Dankbarkeit wert wäre. Wie aus den Berichten der Dankbarkeitsgruppe hervorgeht, konnten deren Teilnehmer besser mit dem Ereignis abschließen und hielten sich für glücklicher als die anderen. Obwohl sie nicht aufgefordert waren, die negativen Aspekte des Erinnerten zu ignorieren, deutet alles darauf hin, dass sie ihr Erlebnis besser verarbeiten konnten.

Ich selbst habe einmal Menschen, die unter einer schweren neuromuskulären Störung litten, gebeten, zwei Wochen lang ein Dankbarkeitstagebuch zu führen. Da sie starke Beschwerden hatten und häufig Schmerzkliniken aufsuchen mussten, fragte ich mich, ob sie wohl überhaupt etwas finden würden, wofür sie dankbar sein konnten. Das taten sie – und nicht nur das, sie berichteten auch von bedeutend mehr positiven Emotionen als eine Vergleichsgruppe, die kein solches Tagebuch führte. Die »Dankbaren« sahen der folgenden Woche optimistischer entgegen, fühlten sich (obwohl viele von ihnen allein lebten) mehr mit anderen Menschen verbunden und schliefen länger – ein Indikator für allgemeines Wohlbefinden und Gesundheit.

Auch dieser Mythos wäre damit entlarvt. Wie wissenschaftlich bewiesen wurde, können wir selbst in schweren Zeiten nicht nur dankbar sein und bleiben, sondern verbessern damit sogar unser Wohlbefinden.

AKTIVITÄT

Verwandeln Sie Unglück in Wohlergehen

Selbst Schlechtes hat letztlich positive Folgen, für die wir dankbar sein können. Auf diese sollten Sie sich zu konzentrieren versuchen.

- Wofür empfinden Sie aktuell Dankbarkeit?
- Welche persönlichen Stärken sind aus Ihren Lebenserfahrungen erwachsen?

- Auf welche Weise hat Ihnen eine »schlimme« Erfahrung geholfen, mit künftigen Herausforderungen besser klarzukommen?
- Inwiefern konnten Sie von dieser Erfahrung noch profitieren?
- Was hat sich aufgrund dieses Erlebnisses für Sie relativiert?

Mythos 5: Um Dankbarkeit empfinden zu können, muss man religiös sein

Dieser Mythos lässt sich leicht als solcher entlarven. Die neue Wissenschaft der Dankbarkeit zeigt eindeutig, dass man auch ohne Religiosität einen Hang zur Dankbarkeit haben kann.

Auch schließt die Dankbarkeit gegenüber Gott dasselbe Empfinden anderen Ursachen von Gutem gegenüber nicht aus. In einigen meiner Studien wurden Menschen gebeten, die Gründe für ihren Erfolg oder ihre guten Eigenschaften, zum Beispiel Intelligenz oder Attraktivität, zu benennen. Bei den Dankbarsten war die Wahrscheinlichkeit hoch, dass sie Gott nannten, aber zugleich zollten sie auch anderen Menschen, der Genetik oder harter Arbeit mehr Anerkennung.

Erkennen Sie die Komplexität

Viele dieser Mythen resultieren aus dem Irrtum, Dankbarkeit sei eine eindimensionale Emotion. Bei mir ist es jedoch so, dass gerade ihre Komplexität meine Leidenschaft für die Dankbarkeit immer wieder neu entfacht. Sobald uns diese bewusst wird, können wir die Stärken und all das Gute, das die Dankbarkeit birgt, noch mehr würdigen.

AKTIVITÄT

Fragen Sie sich:

- Hat einer dieser Mythen Sie bislang davon abgehalten, sich in Dankbarkeit zu üben? Wenn ja, welcher?

- Welche anderen Mythen haben Sie früher einmal für wahr gehalten? Und wie oder wodurch konnten Sie sie entlarven?

- Angenommen, ein Freund oder eine Freundin würde zu Ihnen sagen: »Dankbarkeit: okay, es gibt viele, die allen Grund dazu hätten. Ich aber nicht. Denn du hast ja keine Ahnung, was ich gerade durchmache. In meiner Situation wäre Dankbarkeit völlig unrealistisch.« Wie würden Sie darauf reagieren?

6

Drei Bausteine

Stellen Sie Ihre Dankbarkeit
auf ein solides Fundament.

Schritte in Richtung Dankbarkeit

Um auf lange Sicht in Dankbarkeit leben zu können, sind drei Schritte erforderlich: das Gute suchen, es annehmen und etwas zurückgeben. Die Fokussierung darauf stellt eine wirkmächtige Meditation dar, die Sie auf den Weg bringt. Und drei am Körper getragene Steinchen könnten eine konkret fassbare Erinnerung an die drei Schritte sein, die Sie in ein Leben in Dankbarkeit führen.

1. Freude – das Gute suchen

Um Dankbarkeit empfinden zu können, müssen wir uns auf das Gute in unserem Dasein ausrichten. Dies erzeugt Freude, es bringt das reine, einfache Vergnügen des Lebendigseins hervor.

Freude ist die intensivierte, verstärkte, vertiefte und erhabene Form der ganzheitlichen Wahrnehmung des Lebens. Dafür müssen wir die Augen weit offen halten – in Dankbarkeit.

»Freude herrscht,
wenn das ganze Wesen in eine
Richtung weist,
und sie will nie gehortet, sondern
immer geteilt werden.«

Frederick Buechner,
Schriftsteller und Theologe

Der Freude können wir uns leicht berauben, indem wir das Gute nicht als Geschenk betrachten, sondern als Anrecht oder Folge bestimmter Ursachen. Dabei ist Freude im Grunde das Bindeglied zwischen Vergnügen und Not.

Dankbarkeit ist die Pforte zur Freude.

Und um sie finden zu können, müssen wir das Gute im Schlechten suchen. Besonders kostbar ist Freude immer nach Phasen der Sorge oder Trauer im Leben. Ein Denken in Dankbarkeit ist auf den Schutz und die Unterstützung konzentriert, die uns die Welt stets gewährt und ohne die ein nachhaltiges Wohlbefinden unmöglich wäre.

2. Gnade – das Gute annehmen

Nachdem wir das Gute erkannt haben, müssen wir lernen, es anzunehmen und in das Wesen unseres Seins zu integrieren. Das ist gar nicht so einfach, weil nur die wenigsten daran gewöhnt sind, etwas ohne Gegenleistung entgegenzunehmen. Die meisten wollen sich alles erarbeiten.

»Gnade« heißt der Begriff, der es uns ermöglicht, Gutes ohne schlechtes Gewissen, Schuld- oder Minderwertigkeitsgefühle anzunehmen. Sobald wir erkennen, dass uns das Geschenk oder der Gefallen aus freien Stücken gewährt wird, aus Mitgefühl, Großzügigkeit oder Liebe, ob wir diese Gunst nun verdienen oder nicht, können wir sie mit Freuden annehmen. Doch nur allzu oft achten wir viel zu sehr auf die Kehrseite des Nehmens. Aber dadurch, dass uns die Gnade die Güte des Gebenden vor Augen führt, hilft sie uns, den Blick aufs Wesentliche zurückzugewinnen.

AKTIVITÄT

Erstaunliche Gnade

Wie sieht Gnade für Sie aus, und wie fühlt sie sich an? Wie würden Sie sie beschreiben? Stellen Sie sich die folgenden Fragen:

- Haben Sie schon einmal Gnade erfahren? Unter welchen Umständen? Und wodurch genau hat sie sich ausgezeichnet?

- Stammt Gnade von Gott, den Menschen oder von beidem? Mit welchen Worten würden Sie die menschliche und die göttliche Gnade beschreiben?

- Kommt Gnade in Ihrem Leben häufig vor, oder ist sie eine Seltenheit? Sollte Letzteres der Fall sein: Was hindert Sie daran, Gnade zu empfangen?

3. Liebe – Gutes zurückgeben

Wahre Dankbarkeit fördert den Wunsch, das Gute, das wir empfangen, zu spiegeln, indem wir kreativ nach Möglichkeiten suchen, etwas zurückzugeben. Das ist Liebe, die dritte Dimension, der dritte Baustein der Dankbarkeit.

Das Motiv dafür, etwas Gutes zurückzugeben, liegt in der dankbaren Anerkenntnis des Umstandes, dass wir von der Gnade unserer Mitmenschen leben. Diese Dankbarkeit nährt den Wunsch, Gnade mit Gnade zu vergelten. Und dadurch, dass wir etwas Gutes zurückgeben, wird Dankbarkeit zu *gelebter* Dankbarkeit, und der Kreis des Empfangens und Weitergebens vollendet sich.

»Es gibt zwei Formen der Dankbarkeit:
die schnelle, die wir empfinden,
wenn wir etwas annehmen, und
eine höhere, die beim Geben entsteht.«

Edward Arlington Robinson,
Dichter und Pulitzer-Preisträger

AKTIVITÄT

Gutes weitergeben

Wie Sie sich für all die vielen Gaben erkenntlich zeigen können, die Sie erhalten haben? Beschließen Sie doch, eine Woche lang täglich etwas Gutes zurückzugeben.

- Berichten Sie einem/r Bekannten, was eine dritte Person für Sie getan hat, und erklären Sie, warum Ihnen dies so wichtig war.
- Laden Sie einen Freund, eine Freundin zu etwas ein, was er oder sie schon immer gern einmal unternommen hätte, wozu aber nie Gelegenheit war.
- Bieten Sie einem Freund oder einer Nachbarin an, etwas für ihn oder sie zu erledigen, von dem Sie wissen, dass die Person es nicht mag, zum Beispiel Rasen mähen oder Laub wegpusten.
- Wenn Sie in einem Restaurant, Laden oder dergleichen gut bedient wurden, könnten Sie dem/der Vorgesetzten mitteilen, welch tolle Leistung der/die Betreffende erbracht hat.

Eins dürfen wir nie vergessen: Danken ist ein »Tu-Wort«.

AKTIVITÄT

Der Fluss der Gaben

Diese einfache Übung soll Sie ermuntern, sich auf das Gute in Ihrem Leben zu besinnen und zu überlegen, wie Sie es weitergeben können.

- Konzentrieren Sie sich einen Moment lang auf die Gaben und Geschenke in Ihrem Leben: auf die einfachen, alltäglichen Vergnügungen, auf Menschen, Ihre persönlichen Stärken und Talente, auf Schönes in der Natur oder freundliche Gesten, die Ihnen galten. Solche Dinge betrachten wir für gewöhnlich ja nicht als Geschenke; doch gerade deshalb tun Sie es jetzt bitte. Sprechen Sie das Wort »Geschenk« mehrmals genüsslich aus. Oder sagen Sie sich wiederholt einen Satz vor wie »Ich wurde so reich beschenkt« oder »Ich habe viele Gaben mitbekommen«.

- Versuchen Sie nun, diese Geschenke aufs Intensivste zu erleben. Führen Sie sich die Mühe oder die Gedanken vor Augen, die sich der Schenkende jeweils gemacht hat. Sie selbst haben nichts getan, um sich diese Gabe zu verdienen, und trotzdem ist sie da. Genießen Sie das Geschenk, kosten Sie es aus, erfreuen Sie sich daran, und überlegen Sie, wie Ihr

Leben ohne es wäre. Es zu erhalten war nicht selbstverständlich, sondern eine Gunst. Denken Sie auch an andere überraschende, unerwartete Gaben, die Ihnen zuteilwurden.

Im Fluss dieser Gaben sind wir nicht die Endstation, sondern irgendwo mittendrin. Gutes strömt auf uns zu, aber wir geben es auch weiter, an andere. Wir sind Empfangende und Gebende zugleich. Für »Gefallen« verwenden manche spirituellen Traditionen auch den Begriff »Wohlwollen«.

»Alles schaut gleich viel besser aus, wenn es als Geschenk daherkommt.«

G. K. Chesterton,
Schriftsteller und Philosoph

Überlegen Sie: Welchen Gefallen hat man Ihnen heute getan? Und was können Sie Ihrerseits tun, um jemanden in den Genuss Ihres Wohlwollens kommen zu lassen? Visualisieren Sie einen Fluss aus klarstem Wasser, der in Sie eintritt und einfach weiterfließt, ohne Anfang, ohne Ende.

Und als dieser Kanal für Geschenke und Wohlwollen fragen Sie sich nun: »Wie kann ich all dies Gute an Menschen weitergeben, die es brauchen? Wie teile ich diese Geschenke am besten mit anderen?« Verpflichten Sie sich dazu, sie nicht für sich zu behalten. Wie können Sie sich für all die Gaben, die Sie erhalten haben, erkenntlich zeigen? Wie dem Schenkenden die Ehre erweisen? Etwa, indem Sie sich im Zyklus des Gebens und Nehmens bei einem Dritten für etwas Gutes »revanchieren«, das ein anderer Ihnen hat angedeihen lassen?

7

In Bildern und Metaphern

Dankbarkeit ist die emotionale Spachtelmasse, die mögliche Risse in unseren Beziehungen kittet.

Dankbarkeit: ins Bild gesetzt

»Die Seele denkt nie ohne ein geistiges Bild.« Wenn es um die Vermittlung dessen geht, was Dankbarkeit alles vermag, ist dieses häufig gehörte Aristoteles-Zitat von besonderer Bedeutung. Denn ohne Metaphern geht das kaum. Sie inspirieren und bieten Anlass zu persönlichen Veränderungen, sie ermutigen, immer tiefer in die Dankbarkeit einzusteigen. Am weitesten verbreitet sind Schloss-und-Schlüssel-Metaphern: Demnach öffnet Dankbarkeit »alle Türen«, »erschließt die ganze Fülle des Lebens« und ist der »Schlüssel zu Opulenz, Wohlergehen und Erfüllung«.

Da ich als Professor und Vortragsredner von Berufs wegen im Land der Metaphern unterwegs bin, erlebe ich immer wieder, dass sie Ideen zum Leben erwecken, die Fantasie anregen, Gedanken und Handlungen Gestalt verleihen. Denn Metaphern sind viel mehr als nur Worte: Sie erzeugen Bedeutungen und ermöglichen Verständnis, sie stimulieren und geben Richtungen an, helfen, alte Wahrheiten aus neuer Perspektive zu betrachten.

»Das Gewebe unseres Lebens ist aus Dankbarkeit gewirkt«

Von Natur aus haben wir Menschen ein Bedürfnis nach Zugehörigkeit, und nichts beeinflusst unsere Beziehungen so sehr wie Dankbarkeit oder deren Fehlen.

Sie ist der Faden, der uns zusammenhält. Jeder Akt der Dankbarkeit trägt das Seine zu jenem großen Patchworkteppich bei, der uns verbindet. Aber das Gewebe, aus dem er besteht, ist zart. Undankbarkeit, Vernachlässigung, Ressentiments und Anspruchsdenken können es schwächen und schließlich sogar zerstören. Doch glücklicherweise gibt es bewährte Möglichkeiten, dieses Gewebe zu verstärken – und dabei in den Genuss all jener Wohltaten zu kommen, die ein Leben in Dankbarkeit verheißt.

Jede unserer Interaktionen gewinnt durch Dankbarkeit an Kraft.

AKTIVITÄT

Schreiben Sie einen Dankesbrief

Denken Sie an einen Menschen, dem richtig zu danken Sie sich nie die Zeit genommen haben. Handelt es sich dabei um eine Lehrerin, einen Mentor, einen Trainer oder eine Freundin von Ihnen?

- Verwenden Sie mindestens 30 Minuten darauf, dieser Person einen Dankesbrief von etwa 250 Wörtern Länge zu schreiben. Erklären Sie ihr genau, wofür Sie dankbar sind, wie sie Ihr Leben beeinflusst hat und wie oft Sie an sie denken.

- Wenn Sie das Gefühl haben, den Brief persönlich abgeben zu können, melden Sie sich an, aber ohne den Grund des Besuches zu erwähnen. Lesen Sie dem Empfänger Ihr Schreiben laut vor. Machen Sie sich darauf gefasst, dass diese Begegnung für beide Beteiligten sehr emotional wird. Lassen Sie sich ganz auf diese Erfahrung ein, und nehmen Sie sich Zeit für ein ausführliches Gespräch.

»Dankbarkeit ist der wirksamste Leistungssteigerer, den es gibt«

Im Unterschied zu anderen leistungssteigernden Substanzen ist Dankbarkeit immer legal, hat keine unerwünschten Nebenwirkungen, und überdosieren kann man sie auch nicht.
Doch sie steigert das Leistungsvermögen auf allen Gebieten des Lebens, die unter diesem Aspekt untersucht wurden.

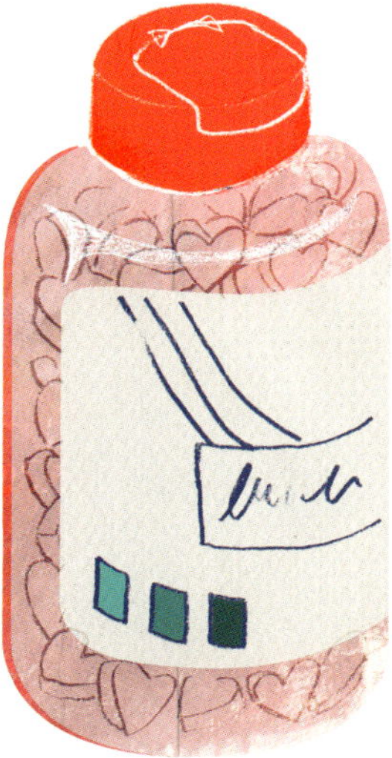

AKTIVITÄT

Bewegen Sie sich!

Aktiv zu sein macht dankbar. Und dafür reicht manchmal schon eine Korrektur der Körperhaltung. Denn eine schlechte Haltung fühlt sich passiv an, suggeriert Langeweile, Schläfrigkeit und Trägheit. Zusammengesackte Schultern ziehen einen runter. Und umgekehrt gibt uns ein gerader Rücken das Gefühl der Entschlossenheit, er schenkt Selbstvertrauen und Optimismus.

- Wo immer Sie sich auch gerade befinden mögen: Setzen Sie sich jetzt sofort aufrecht hin.

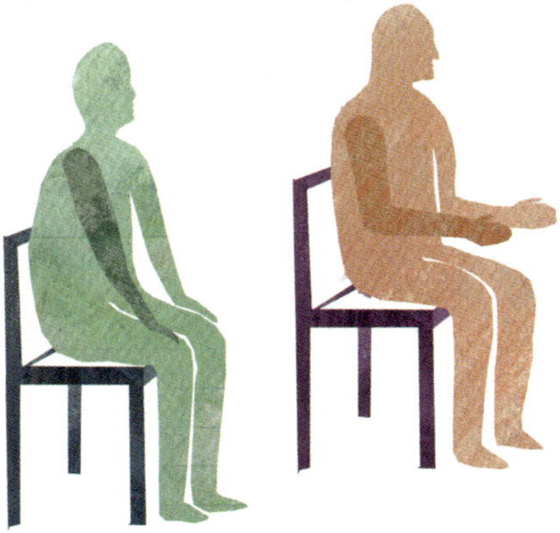

AKTIVITÄT

Körper-Naikan

Als Methode zur Kultivierung von Dankbarkeit wurde die Naikan-Praxis bereits auf Seite 39 erwähnt. Als eine besinnliche Meditation auf das, was der Körper für uns tut, schärft sie das Bewusstsein für unser physisches Sein und das, was wir ihm auf täglicher Basis alles verdanken.

Die Sinne sind Pforten zur Dankbarkeit. Diese wurde sogar schon als »sechster Sinn« bezeichnet, den die fünf anderen eigentlich erst zum Leben erwecken. Denn nur aufgrund unserer Fähigkeit zu berühren, zu sehen, zu riechen, zu schmecken und zu hören, können wir unser Menschsein und das Wunder des Lebens wertschätzen.

Nehmen wir etwa den Geschmackssinn. Der Mensch hat etwa 10 000 Geschmacksknospen, die sich alle zwei Wochen erneuern. Toll, oder? Zusammen mit den Geruchsrezeptoren in der Nase verhelfen sie uns zu kulinarischen Hochgenüssen. Oder die Zähne: Wie zeigen wir uns ihnen für die guten Dienste, die sie uns leisten, erkenntlich? Pflegen wir sie auch genug? Mithilfe einer derartigen Naikan-Selbsterkundung können wir die Wertschätzung, die wir der wunderbaren Schöpfung des menschlichen Körpers entgegenbringen, intensivieren – in Dankbarkeit.

»Dankbarkeit: eine Währung von weltumspannender Gültigkeit«

Die Sprache der Dankbarkeit ist international. Thanksgivings- oder Erntedankbräuche, -traditionen und -rituale gibt es überall auf der Welt. Dankbarkeit bewirkt, dass wir uns als Teil eines größeren, komplexen Netzwerkes nachhaltiger und auf Gegenseitigkeit beruhender Beziehungen empfinden. Und in der Dynamik von Geben und Nehmen stellt die Dankbarkeit, die treibende emotionale Kraft hinter dieser Gegenseitigkeit, das entscheidende Bindeglied dar.

»Dankbarkeit ist ein Betriebssystem und keine App«

Dankbarkeit ist nicht einfach eine Zugabe, kein Nebengedanke, nichts, was irgendwie noch auf der täglichen To-do-Liste landet und dann doch wieder gestrichen wird. Nein, sie ist eine grundlegende Lebenshaltung, ein komplett neues Betriebssystem. Das ist auch der Grund, weshalb Apps zur Kultivierung von Dankbarkeit nur selten nachhaltige Veränderungen bewirken. Zwar ermöglichen sie uns einen kleinen Einblick in die Welt der Dankbarkeit, mehr aber auch nicht.

Dankbar – aber nicht nach Drehbuch

Wie oft sagen wir »danke«, einfach nur so, weil wir es für geboten halten, aber ohne dass dabei das Herz spricht? Doch die Person, bei der Sie sich bedanken, spürt, ob Sie es ernst meinen oder nicht. Versuchen Sie deshalb, tatsächlich dankbar zu *sein*, wenn Sie das D-Wort aussprechen. Aus einer an der Wharton School of Business der Universität Pennsylvania durchgeführten Studie geht hervor, dass die Dankbarkeit von Menschen, die die Wendung »Ich bin Ihnen/dir wirklich sehr dankbar« benutzten, um einen Gefallen zu quittieren, als seriöser und aufrichtiger empfunden wurde als die von Leuten, die lediglich »Herzlichen Dank« gesagt hatten.

AKTIVITÄT

Bedanken Sie sich – aber achtsam!

Üben Sie sich die nächsten sieben Tage lang in achtsamem Bedanken. Gehen Sie der Person gegenüber, die etwas Großes oder auch nur eine Kleinigkeit für Sie getan hat, in die Details, sprechen Sie die Mühe an, die sie auf sich genommen hat, sagen Sie, dass es bestimmt gar nicht so leicht war, und bleiben Sie ganz auf den/die Betreffende/n konzentriert. Zum Beispiel: »Danke, dass du mir den Tee ans Bett gebracht hast. Dass du dafür morgens so früh aufgestanden bist, weiß ich wirklich sehr zu schätzen. Das war so aufmerksam von dir!« Dabei kommt es entscheidend darauf an, die Freundlichkeit des anderen herauszustellen.

»Wir sind für nichts so dankbar wie für Dankbarkeit.«

Marie Freifrau von Ebner-Eschenbach

AKTIVITÄT

Wie lautet Ihre Metapher für Dankbarkeit?

- Welche der in diesem Kapitel behandelten Metaphern bringt Ihr Verständnis von Dankbarkeit am deutlichsten zum Ausdruck? Und warum?

- Lassen Sie sich selbst eine Dankbarkeitsmetapher einfallen.

»Die Türen des Glücks sind verschlossen.
Wird das Schloss geöffnet,
gehen sie schnell und weit auf,
schließen sich aber auch sofort wieder.
Sie müssen täglich aufs Neue geöffnet
werden, und nur ein einziger Schlüssel passt:
die Dankbarkeit.«

Fawn Weaver, Autorin und Begründerin der virtuellen Gemeinschaft HappyWivesClub.com

8

Was können wir daraus lernen?

Dankbarkeit darf keine Pflichtübung sein.

Gnade annehmen

Anfangs dachte ich, größere Dankbarkeit setze viel Zeit und Mühe voraus. Ich war überzeugt, dass ich mir ein ganz besonderes Tagebuch kaufen müsste, um meine täglichen Akte der Dankbarkeit zu dokumentieren. Ich dachte, dass ich extra Zeit dafür reservieren und mich in Klausur begeben müsste.

All das verlangte Engagement und Durchhaltevermögen: immer mehr, immer besser; alles, was der Dankbarkeit im Wege stand, galt es auszuschalten. Doch jeder Punkt, den ich meiner To-do-Liste hinzufügte, machte mein Vorhaben nicht etwa schöner, sondern belastete mich zusätzlich. Dabei sollte Dankbarkeit mir doch Auftrieb geben und mich nicht runterziehen.

So realisierte ich, dass größere Dankbarkeit mit mehr Gewahrwerden dessen beginnt, was ich bereits hatte (statt des Fehlenden), und dass sich das auch in meinem Leben ausdrücken müsste. Ich musste mich mehr auf die Unterstützung besinnen, die ich von anderen erfuhr, brauchte also den zweiten Baustein der Dankbarkeit (Seite 70). Ich musste lernen, all das Gute, das mich umgab, besser anzunehmen, die vielen Wohltaten und Handreichungen, die nicht verdient waren und auf die ich keinen Anspruch hatte.

AKTIVITÄT

Nicht »To-do«, sondern »Getan«

Dankbarkeit wurzelt nicht in Dingen, die abgehakt werden müssen, sondern in Taten. Ersetzen Sie Ihre »To-do«- deshalb durch eine »Schon-geschehen«-Liste.

- Richten Sie Ihre Aufmerksamkeit einen Moment lang auf alles, was Ihre Mitmenschen in den letzten 24 Stunden für Sie getan haben. Und widerstehen Sie der Versuchung zu überlegen, was Sie den Tag über noch tun müssen.

Es geht nicht um uns

Widerstehen Sie dem Drang, Ihre Fortschritte auf dem Gebiet der Dankbarkeit zu beobachten, denn das untergräbt sie nur. Sie haben dann nämlich nichts anderes im Kopf als die Frage, wie ein Dankeschön, das Sie aussprechen, angenommen und wie darauf reagiert wird.

- Denken Sie nicht an sich selbst, sondern an all das Gute, das andere für Sie tun.

AKTIVITÄT

Gehen Sie gnädig mit sich um

Einer der größten Fehler, die wir machen können, ist zu denken, wir müssten rund um die Uhr dankbar sein. Ein solcher Anspruch wäre total unrealistisch. Fühlen Sie sich also nicht als Versager, wenn Sie ihm nicht gerecht werden. Wir *wissen*, dass uns Dankbarkeit guttut, dass wir dankbar sein sollten und das Leben dadurch besser wird – aber manchmal ist das Gefühl einfach nicht da, und wir bekommen deshalb ein schlechtes Gewissen.

- Machen Sie eine Bestandsaufnahme all des Guten, das Sie für andere tun. Feiern Sie sich – Ihre persönlichen Stärken und bewundernswerten Eigenschaften.

Lernen Sie sich selbst zu schätzen.

AKTIVITÄT

Die Flamme entzünden

»Manchmal will auch unser Licht erlöschen und wird durch ein Erlebnis an einem Menschen wieder neu angefacht. So hat jeder von uns in tiefem Danke derer zu gedenken, die Flammen in ihm entzündet haben«, schrieb der Humanist Albert Schweitzer.

- Wer hat in Ihnen die Flamme entzündet? Ihnen aus Dunkelheit und Hoffnungslosigkeit herausgeholfen? Ihnen den Weg gezeigt, als Sie die Orientierung verloren hatten? Sie ins Licht geführt? Auf welche Weise können Sie diesen Menschen zeigen, wie dankbar Sie ihnen sind?

AKTIVITÄT

Inspiration

Inspirationen können ein Indikator dafür sein, dass Ihre Dankbarkeit Sie bedeutend verändert hat. Manchmal inspiriert es uns, einen Akt der Dankbarkeit zu beobachten, öfter jedoch, wenn wir ihn selbst erleben.

- Hat ein Gefühl der Dankbarkeit Sie schon einmal zu irgendetwas inspiriert? Worum ging es dabei?

Herzlichen Dank!

Möglichkeiten, unsere Dankbarkeit zu zeigen und all das Gute, das wir selbst empfangen haben, weiterzugeben, gibt es viele.

Indem wir das Gute weitergeben, wird aus Dankbarkeit *gelebte* Dankbarkeit. (Mit »weitergeben« meine ich hier übrigens, dass wir unsere persönlichen Begabungen, Talente, Fähigkeiten und Fertigkeiten einsetzen, um unsere Dankbarkeit zum Ausdruck zu bringen, statt diese Gaben nur auf uns selbst zu verwenden.) Die wichtigste Lektion, die ich in den anderthalb Jahrzehnten, die ich jetzt bereits über Dankbarkeit forsche, gelernt habe, lautet: Wir dürfen uns nicht auf uns allein konzentrieren. Erst wenn diese Erkenntnis verinnerlicht ist, können wir in den Genuss all der Belohnungen kommen, die mit gelebter Dankbarkeit einhergehen. Und damit auch unser Umfeld. Denn Dankbarkeit wirkt ansteckend.

Dank

In meinem Traum, der Dankbarkeit weltweit zum Durchbruch zu verhelfen, werde ich von vielen Menschen unterstützt. Ein besonderer Dank gilt Yvonne für ihre beständige Liebe und andauernde Unterstützung. Doug Reid, Rick Cole und Marc Afshar sind mir Vorbild, Quellen der Ermutigung und Inspiration. Das »Unternehmensweite Kulturkomitee« von Southwest Airlines verdient eine lobende Erwähnung dafür, dass es die Bedeutung der Dankbarkeit für die Persönlichkeitsentwicklung erkannt hat. Esmond Harmsworth, mein großartiger Agent, hat mich überzeugt, dieses Projekt weiterzuverfolgen. Und meiner Lektorin Leanne Bryan gilt mein herzlichster Dank, weil sie so weitsichtig ist und die Arbeit mit ihr ein ausgesprochenes Vergnügen war. Danke sage ich auch Kimon Sargent, der dafür sorgt, dass sich die Wissenschaft der Dankbarkeit auch in der Zukunft noch auszahlen wird.

Über den Autor:

Dr. Robert A. Emmons ist der weltweit führende wissenschaftliche Experte für Dankbarkeit. Er ist Professor für Psychologie und Leiter des *Gratitude Lab* an der University of California. Der Gründungsredakteur des *Journal of Positive Psychology* hat mehrere erfolgreiche Bücher über die positiven Effekte von bewusster Dankbarkeit verfasst.